J'observe
le cinéma

Conçu et réalisé
par Claude Delafosse
et Gallimard Jeunesse,
illustré par Henri Galeron,
images de synthèse réalisées
par Stéphane Mattern

GALLIMARD MES PREMIÈRES DÉCOUVERTES • J'OBSERVE

Grâce au cinéma,
les images
prennent vie.
Mais que de travail
pour la réalisation
d'un film...

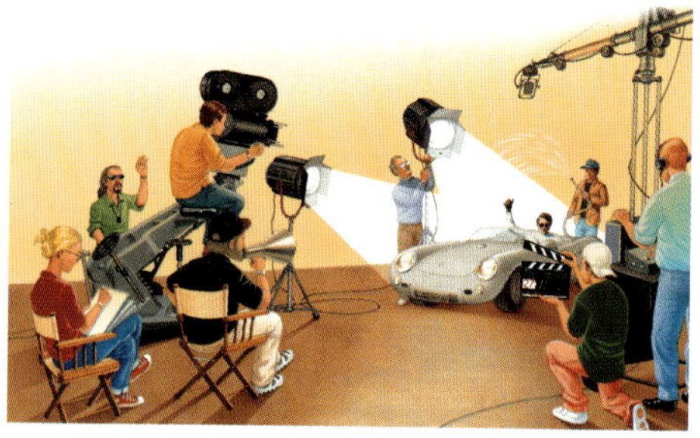

Dans ce livre tu vas
explorer les coulisses
de ce que l'on appelle
le "septième art".
Moteur ! On tourne.

C'est grâce à un outil
magique mais tout simple
que tu pourras explorer
les pages de ton livre :
cette petite lampe
en papier.

Découpe la lampe en papier que
tu trouveras à la dernière page de ce livre.
Fais-la glisser entre la page en plastique
et la page noire pour "éclairer" l'image.

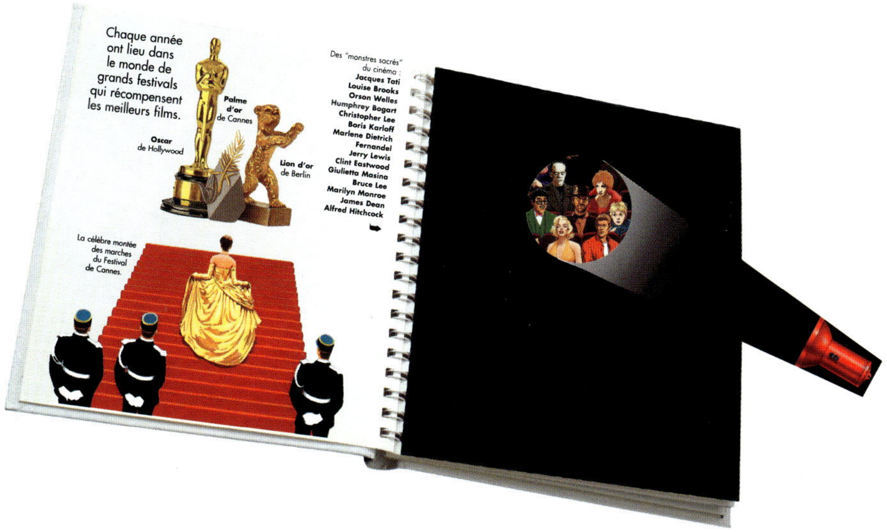

En la déplaçant,
tu découvriras peu à peu
tous les détails cachés de l'image!

À Bali, le théâtre d'ombres est très ancien. Le marionnettiste raconte une histoire en animant des figurines aux bras articulés.

Qu'est-ce que le cinéma ? Des images en mouvement. Mais, avant de réussir le premier film, il a fallu bien des inventions.

Pour faire des ombres chinoises, il suffit de composer avec ses doigts des silhouettes dans une pièce sombre où brille une petite lumière.

La lanterne magique projetait sur un drap blanc
des dessins peints sur des plaques de verre.

Au XIXe siècle le Français **Émile Reynaud** invente le Praxinoscope. Lorsqu'on tourne son petit tambour, les images s'animent.

L'Anglais **Muybridge** réussit, avec plusieurs appareils, à photographier la course d'un animal, instant par instant.

Charles Pathé, un ancien forain, crée la première marque française de films, qu'il distribue dans le monde entier.

Le cinéma n'a que cent ans ! Il a été inventé par deux frères, Auguste et Louis Lumière.

Georges Méliès, passionné de prestidigitation, imagine des trucages qui éblouissent les spectateurs. Il construit son premier studio au fond de son jardin. Dans des décors fantastiques, il tourne *Voyage dans la Lune*, un film inspiré des romans de Jules Verne.

Le Cinématographe des **frères Lumière** est un appareil qui permet de réaliser la prise de vues et la projection du film.

Buster Keaton

Harold Lloyd

Les **Marx Brothers : Groucho, Chico et Harpo**

À ses débuts, le cinéma était muet et en noir et blanc.
Les acteurs du burlesque déclenchaient le rire uniquement par leur gestuelle et leurs mimiques.

Harry Langdon

Ben Turpin

Max Linder

Stan Laurel et **Oliver Hardy**, les inséparables copains, le petit et le gros, toujours embarqués dans des aventures cocasses.

Charlie Chaplin, plus connu sous le nom de **Charlot**. Découvre-le dans le film *Les Temps modernes*, aux prises avec une machine infernale.

Le **Louxor**

L'**Odéon**

Le **Bridge**

Le **Gaumont Palace**

Sur les écrans, des films de tous les genres : western, péplum, comédie, drame, policier... ➡

L'arrivée de la couleur et du son fait entrer le cinéma dans l'âge d'or. Les salles ressemblent alors à des palais.

Les acteurs de cinéma deviennent des stars, Hollywood leur paradis.

Gary Cooper

Charlton Heston

Ginger Rogers Fred Astaire

Audrey Hepburn

Errol Flynn

Sur le tournage d'un film, chacun doit accomplir une tâche précise. La préparation d'une scène est souvent très longue : il faut régler la lumière, le son, le jeu des acteurs...

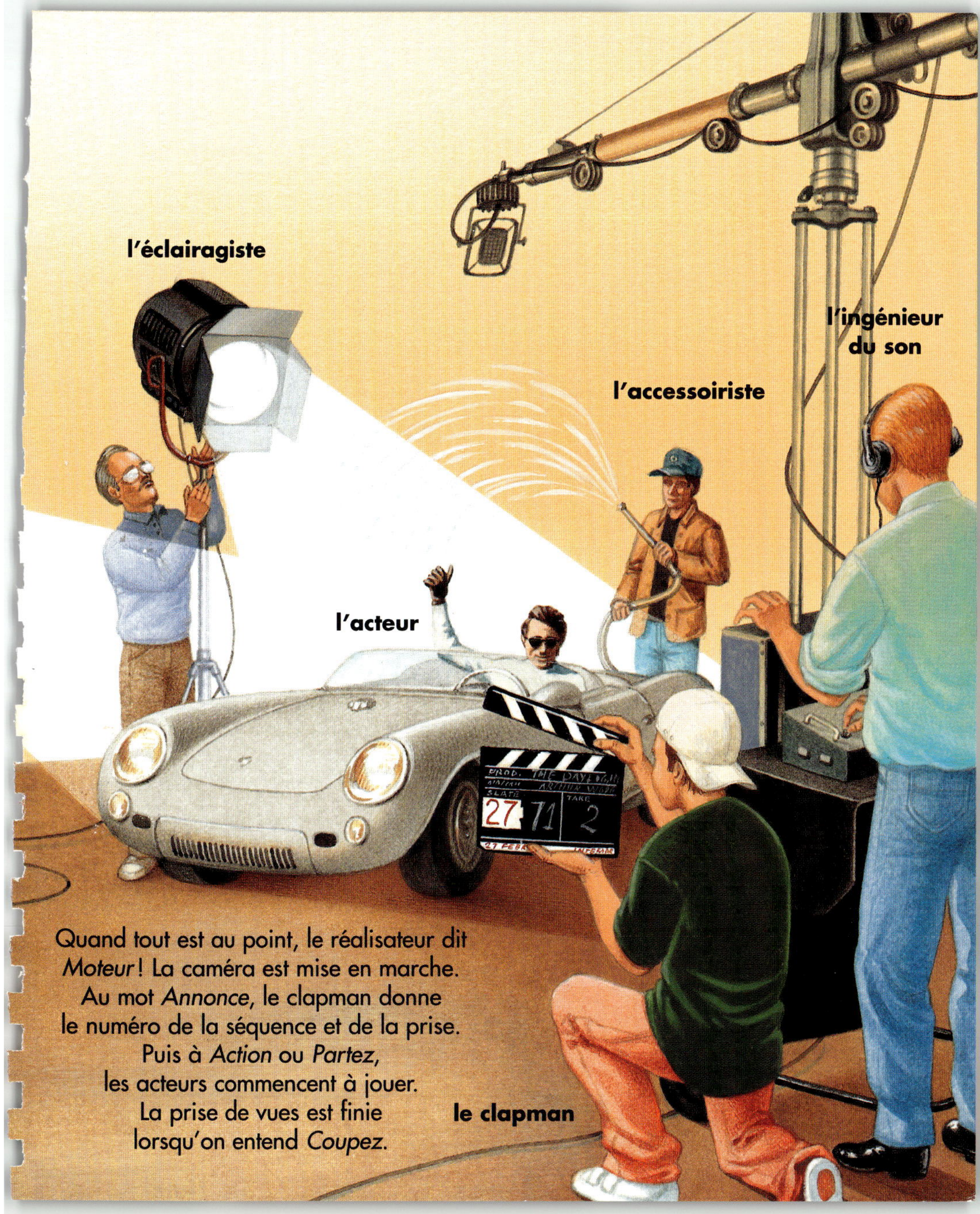

Quand tout est au point, le réalisateur dit *Moteur* ! La caméra est mise en marche. Au mot *Annonce*, le clapman donne le numéro de la séquence et de la prise. Puis à *Action* ou *Partez*, les acteurs commencent à jouer. La prise de vues est finie lorsqu'on entend *Coupez*.

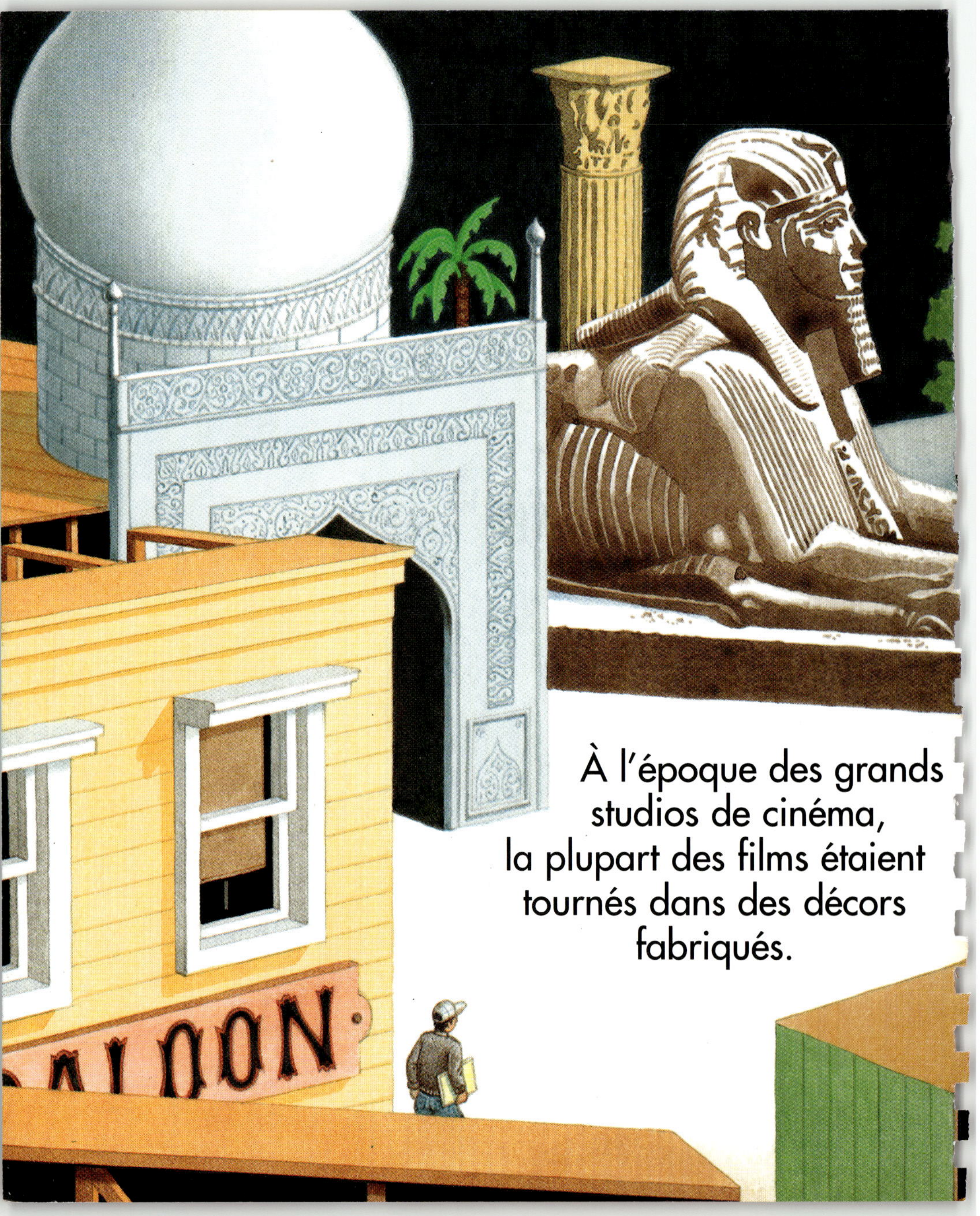

À l'époque des grands studios de cinéma, la plupart des films étaient tournés dans des décors fabriqués.

Aujourd'hui, les réalisateurs choisissent le plus souvent des décors naturels.

Le dessin animé
est un film où les personnages
et les décors sont dessinés.
Walt Disney et Tex Avery
en furent les pionniers.

Tous les mouvements sont décomposés.
Ils sont dessinés en noir sur
des films plastiques, appelés cellulos.
Ils sont ensuite mis en couleur
et filmés image par image.
Il faut 24 images pour faire
une seconde de film.

Le décor à l'arrière-plan est fixe.

Pour donner l'impression
que le personnage avance,
on le dessine dans une position
différente sur chaque image.

Un studio de création de dessins
animés, en pleine effervescence

crayonné ou *rough*

dessin technique
ou crayonné précis

modélisation
fil de fer

rendu simple

rendu final
vue face

rendu final
vue dos

animation : voilà la petite souris en action

Chaque année ont lieu dans le monde de grands festivals qui récompensent les meilleurs films.

Oscar de Hollywood

Palme d'or de Cannes

Lion d'or de Berlin

Des "monstres sacrés" du cinéma :

Jacques Tati
Louise Brooks
Orson Welles
Humphrey Bogart
Christopher Lee
Boris Karloff
Marlene Dietrich
Fernandel
Jerry Lewis
Clint Eastwood
Giulietta Masina
Bruce Lee
Marilyn Monroe
James Dean
Alfred Hitchcock

La célèbre montée des marches du Festival de Cannes.

Ces détails sont cachés dans les images sombres du livre.

Retrouve-les à l'aide de ta lampe en papier.

Mes premières découvertes

1 La coccinelle
2 Le temps
3 La pomme
4 La carotte
5 L'œuf
6 L'arbre
7 Le chat
8 La couleur
10 Sous la terre
11 La terre et le ciel
12 L'automobile
13 Le chien
15 L'oiseau
16 Le bord de mer
17 Le château fort
18 L'eau
19 La fleur
20 L'ours
22 L'avion
23 La tortue
24 L'éléphant
25 La souris
26 La baleine
27 Le cheval
28 La maison
30 Le dinosaure
31 Le bateau
32 Le bébé
33 La ferme
34 L'heure
36 La rivière
37 L'image
38 La jungle
39 Plus ou Moins
40 Le singe
41 L'abeille
42 La musique
43 La lumière
44 Le cirque
45 L'aigle
47 Le castor
48 La ville
50 La boîte à outils
51 Le palmier
52 Compter
53 Le sport
55 La pyramide
56 La chouette
57 Les portraits
58 Les paysages
59 Le bestiaire
60 Les tableaux
61 Les dessins fous
62 Les voitures
63 Les monstres
64 Les animaux
65 Les poissons
66 Les têtes
67 Atlas des pays
68 Atlas des plantes
69 Atlas des animaux
70 Atlas des peuples
71 La nature
72 Les maisons
73 La symétrie
74 Les grimaces
75 La mode
76 Cochons & cie
77 La grenouille
78 Le poisson
79 Le loup
80 Les formes
81 Les Indiens
82 Le corps
83 Le train
84 Le pingouin
85 Le Louvre
86 La cathédrale
87 Le chantier
88 Le téléphone
89 Le papillon
90 Atlas du ciel
91 Atlas de la terre
92 Atlas des civilisations
93 Atlas des animaux en danger
94 La sculpture
95 Vincent van Gogh
96 Les vents
97 Les percussions
98 Le plus fort
99 Le tour du monde
100 Noël
101 Le champignon
102 La vache
103 Le magasin
104 La préhistoire
105 La vie du corps
106 Robo Lapin
107 Framboises
108 Henri Matisse
109 Pablo Picasso
110 Les cordes
111 Les claviers
112 Le pain
113 Les bestioles
114 Atlas de France
115 Chapeau magique
116 Sorcière et Chat
117 Petit ogre vert
118 Robo Lapin et les pirates
119 Les pompiers
120 Atlas des îles
121 Fernand Léger
122 Le canard
123 Le loup miaou
124 Méchant loup
125 La planète grise
126 Le vélo de Noémie
127 Les voix
128 L'électroacoustique

J'observe :
129 La vie sous la ville
130 Les animaux sous la terre
131 Les animaux dans la nuit
132 Les maisons des insectes
133 Les poissons
134 Les dinosaures

135 Avant la naissance
136 Naître
137 L'impressionnisme
138 Les crèches
139 Le football
140 Oscar peint
141 Le nain de jardin
142 Pingouins pas sages
143 Grandir
144 Le vent
145 L'écureuil
146 Vivre ensemble

J'observe :
147 Le corps humain
148 Les grottes
149 Le tombeau égyptien

150 Le ciel et l'espace
151 Le musée du Louvre
152 L'attaque du chateau fort
153 Halloween
154 Être grand
155 Paul Gauguin
156 Le lion
157 Internet
158 Les bruits de la vie
159 L'école maternelle
160 Tom petit fantôme
161 Osley petit squelette
162 Vladimir petit vampire
163 Sorcilia petite sorcière

J'observe :
164 Paris la nuit
165 Les trésors engloutis
166 Le cinéma
167 Le cirque
168 Les portraits d'Arcimboldo
169 La tournée du Père Noël

170 La montagne
171 Le kangourou
172 L'orchestre

Crédits photographiques : Cinématographe Lumière, affiche de Marcel Auzolle, 1896, © Christophe L. **Affiches Hollywood**, © BFI Stills, Posters and Designs, Londres sauf en haut, à gauche, D.R.

Responsable éditoriale : **Anne de Bouchony** • Graphisme : **Conce Forgia**
Rédaction : **Anna Sarocchi** • Conseiller pédagogique : **Colette Batifoulier**
(FEMIS, École nationale supérieure des métiers de l'image et du son)

ISBN : 2-07-052734-4

Dépôt légal : septembre 1999
Numéro d'édition : 90941

Imprimé en Italie par Editoriale Lloyd
Loi n° 49-956 du 16 juillet 1949
sur les publications destinées
à la jeunesse

MES PREMIÈRES DÉCOUVERTES DE LA MUSIQUE

- ☐ N° 96 Les vents
- ☐ N° 97 Les percussions
- ☐ N° 110 Les cordes
- ☐ N° 111 Les claviers
- ☐ N° 127 Les voix
- ☐ N° 128 L'électroacoustique
- ☐ N° 158 Les bruits
- ☐ N° 172 L'orchestre

Un livre et un CD à regarder, lire et écouter à la fois. Sur une belle histoire merveilleusement illustrée, une musique originale.
Une initiation à tout un monde sonore.

MES PREMIÈRES DÉCOUVERTES DE L'ART

- ☐ N° 57 Les portraits
- ☐ N° 59 Le bestiaire
- ☐ N° 60 Les tableaux
- ☐ N° 85 Le Louvre
- ☐ N° 94 La sculpture
- ☐ N° 95 Vincent Van Gogh
- ☐ N° 108 Henri Matisse
- ☐ N° 109 Pablo Picasso
- ☐ N° 121 Fernand Léger
- ☐ N° 137 L'impressionnisme
- ☐ N° 155 Paul Gauguin

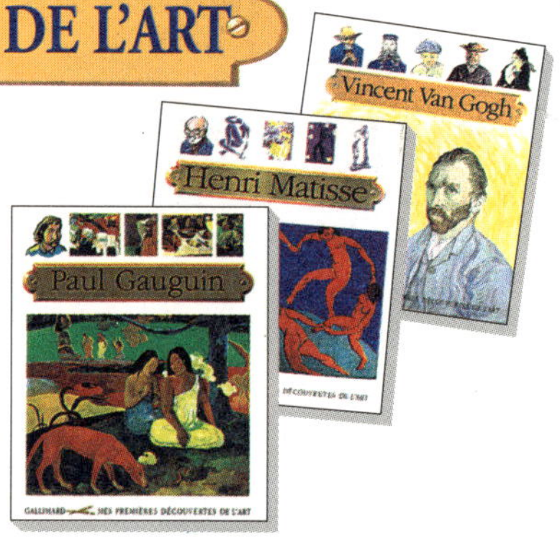

Pour faire connaissance avec le monde de l'art.
Pleins d'esprit, surprenants et ludiques : voici des livres d'art pour les plus jeunes et les plus grands !

Mes première découvertes Albums

- ☐ N° 98 Le plus fort
- ☐ N° 99 Le tour du monde
- ☐ N° 106 Robo lapin
- ☐ N° 107 Framboise
- ☐ N° 115 Chapeau magique
- ☐ N° 116 Sorcière et chat
- ☐ N° 117 Petit ogre vert
- ☐ N° 118 Les pirates
- ☐ N° 123 Le loup miaou
- ☐ N° 124 Méchant loup
- ☐ N° 125 La planète grise
- ☐ N° 126 Le vélo de Noémie
- ☐ N° 140 Oscar peint
- ☐ N° 141 Le nain de jardin
- ☐ N° 142 Pingouins pas sages

De belles **histoires** écrites pour les **enfants** qui ne savent pas encore lire ou qui sont débutants et pour qui la **lecture** devient le plus intéressant des **jeux**, avec des mots-images, des pages-miroirs, des pages découpées, des dépliants, des autocollants, des volets à soulever, des films transparents...